BEI GRIN MACHT SICH IHR WISSEN BEZAHLT

- Wir veröffentlichen Ihre Hausarbeit, Bachelor- und Masterarbeit

- Ihr eigenes eBook und Buch - weltweit in allen wichtigen Shops

- Verdienen Sie an jedem Verkauf

Jetzt bei www.GRIN.com hochladen und kostenlos publizieren

Bibliografische Information der Deutschen Nationalbibliothek:

Die Deutsche Bibliothek verzeichnet diese Publikation in der Deutschen Nationalbibliografie; detaillierte bibliografische Daten sind im Internet über http://dnb.d-nb.de/ abrufbar.

Dieses Werk sowie alle darin enthaltenen einzelnen Beiträge und Abbildungen sind urheberrechtlich geschützt. Jede Verwertung, die nicht ausdrücklich vom Urheberrechtsschutz zugelassen ist, bedarf der vorherigen Zustimmung des Verlages. Das gilt insbesondere für Vervielfältigungen, Bearbeitungen, Übersetzungen, Mikroverfilmungen, Auswertungen durch Datenbanken und für die Einspeicherung und Verarbeitung in elektronische Systeme. Alle Rechte, auch die des auszugsweisen Nachdrucks, der fotomechanischen Wiedergabe (einschließlich Mikrokopie) sowie der Auswertung durch Datenbanken oder ähnliche Einrichtungen, vorbehalten.

Impressum:

Copyright © 2014 GRIN Verlag, Open Publishing GmbH
Druck und Bindung: Books on Demand GmbH, Norderstedt Germany
ISBN: 978-3-668-10372-6

Dieses Buch bei GRIN:

http://www.grin.com/de/e-book/311336/manipulation-oder-information-zur-rolle-der-medien-im-tarifkonflikt-politik-wirtschaft

Sören Haß

Manipulation oder Information? Zur Rolle der Medien im Tarifkonflikt (Politik/Wirtschaft, 9. Klasse)

GRIN Verlag

GRIN - Your knowledge has value

Der GRIN Verlag publiziert seit 1998 wissenschaftliche Arbeiten von Studenten, Hochschullehrern und anderen Akademikern als eBook und gedrucktes Buch. Die Verlagswebsite www.grin.com ist die ideale Plattform zur Veröffentlichung von Hausarbeiten, Abschlussarbeiten, wissenschaftlichen Aufsätzen, Dissertationen und Fachbüchern.

Besuchen Sie uns im Internet:

http://www.grin.com/

http://www.facebook.com/grincom

http://www.twitter.com/grin_com

Unterrichtsentwurf zum 2. UB im Fach Politik-Wirtschaft

- Thema der Stunde: Manipulation oder Information? Zur Rolle der Medien im Tarifkonflikt
- Thema der Unterrichtseinheit: Konfliktfall Lohn – Das Tauziehen in der Tarifauseinandersetzung

Zur Einbettung der Stunde:

Datum:	Thema der Stunde:
07.5.	Cockpit vs. Lufthansa: Tarifparteien und ihre Interessen
14.5.	Manipulation oder Information? Zur Rolle der Medien im Tarifkonflikt
21.5.	Deckmantel Tarifautonomie: Einflussnahme verboten?!
28.5.	Die Spielregeln des Arbeitskampfes
04.6.	Lufthansa-Piloten abgehoben? Streik gerechtfertigt oder nicht?

Zum Ziel der Stunde:

I. Sachanalyse (Was ist inhaltlich wichtig?)
In der Sachanalyse ist zunächst einmal der Aspekt der unterschiedlichen Positionen der Tarifparteien wichtig (im konkreten Beispiel des Lufthansa-Streiks fordert die Gewerkschaft Vereinigung Cockpit eine 10%ige Lohnerhöhung sowie die Beibehaltung der bisherigen Rentenübergangslösung; Arbeitgeber Lufthansa bietet eine 3%ige Lohnerhöhung ab 2016 bei Abschaffung der bisherigen Rentenübergangslösung). Wenn man sich im Unterricht mit dem Thema „Tarifkonflikt" beschäftigt, halte ich es für wichtig, dass deutlich wird, dass es sich dort nicht nur auf die Tarifparteien als einzige Akteure beschränkt, sondern dass es im gesellschaftlichen Umfeld weitere Akteure gibt, die beteiligt sind. In dieser Stunde soll die Rolle der Medien in dieser Hinsicht beleuchtet werden. Die unterschiedlichen Positionen der Tarifparteien spiegeln sich auch dort wieder. Zu klären ist, ob die Rolle der Medien eher als negativ (aufgrund der Gefahr der Manipulation) oder positiv (im Sinne der Information) in diesem konkreten Fall eingeschätzt werden kann. In diesem Zusammenhang soll das Fachkonzept „Massenmedien" thematisiert werden. Die Vermittlung von Informationen sowie die Repräsentation von gesellschaftlicher Pluralität, aber auch die indirekte Einflussnahme auf Politik oder eine mögliche Manipulation der Konsumenten sind inhaltliche Aspekte dieses Fachkonzeptes (vgl. Weißeno et al. 2010: S. 125-126). Im Vordergrund dieser Stunde stehen die Aspekte Manipulation vs. Information. In den meisten Unterrichtsmaterialen werden die negativen Auswirkungen von Massenmedien (Manipulation, Verzerrung) thematisiert und damit bei Jugendlichen häufig eine Überschätzung dieser ausgelöst (vgl. Weißeno et al.: S127). Um diesem Fehlkonzept entgegenzuwirken, muss ebenso die positive Seite der Medien untersucht werden, ohne die eine differenzierte Meinungsbildung nicht möglich wäre.

II. Inwiefern wird damit ein Fachkonzept weiter entwickelt?

	Fachkonzept: Massenmedien	
Stand	Neue Stufe	Indikatoren
Die SuS kennen die Tarifparteien als primär an Tarifverhandlungen beteiligte Akteure und wissen um deren konträre Positionen und Interessen. Bzgl. Des Fachkonzeptes haben die SuS gelernt, Medien gegenüber kritisch bis skeptisch gegenüberzutreten.	Die SuS erfassen die Rolle der Medien als weiteren Akteur in Tarifkonflikten. Sie sollen den kritischen Umgang mit den Medien beibehalten, jedoch auch die positiven Aspekte erkennen, indem sie Chancen und Risiken der medialen Berichterstattung im Rahmen von Tarifkonflikten beleuchten.	- Die SuS erarbeiten unterschiedliche Meinungen in der Medienlandschaft und erkennen die Pluralität darin - Die SuS bewerten die Rolle der Medien hinsichtlich der Aspekte Chancen und Risiken

Zur Planung der Stunde:

III. Didaktische Konstruktion der Stunde (Erkenntnisweg der SuS)

Die SuS haben in der vorausgegangenen Doppelstunde anhand des Streiks der Lufthansa-Piloten den Begriff der Tarifparteien erörtert und anhand der unterschiedlichen Positionen und Interessen dieser Parteien die herrschende Konfliktsituation erkannt. In der heutigen Stunde sollen die SuS erkennen, dass im gesellschaftlichen Umfeld von Tarifkonflikten weitere Akteure eine Rolle spielen und sich damit die Mehrdimensionalität der Thematik verdeutlichen. Im konkreten Beispiel soll die Rolle der Medien beleuchtet werden und damit das Fachkonzept „Massenmedien" thematisiert werden (vgl. Kapitel I). Dass es auch in der Medienlandschaft keine einhellige Meinung zum Thema gibt, sondern sich deren Vertreter ebenfalls ggf. unterschiedlich positionieren, soll den SuS weiter gehend deutlich, um anschließend die Rolle der Medien im konkreten Beispiel des Lufthansa-Streiks zu bewerten, so dass sie am Ende Stunde zu der Erkenntnis gelangen, dass zwar bei ungeprüfter und einseitiger Aufnahme der Informationen über den Tarifkonflikt die Gefahr der Manipulation gegeben ist, die Medien aber ihren unabdingbaren Beitrag leisten, sich ein differenziertes und fundiertes Meinungsbild über den Sachverhalt machen zu können und zur Information von entscheidender Bedeutung ist. Die bisherige Herangehensweise der Schüler, Medien kritisch bis skeptisch entgegenzutreten, soll beibehalten werden, gleichzeitig jedoch auch die positive Seite der Medien erkannt werden.

Diese Stunde dient außerdem als Zwischenschritt, um im weiteren Verlauf der Unterrichtseinheit auch noch den Staat als zusätzlichen Akteur zu thematisieren und den Begriff der „Tarifautonomie" zu klären, dessen formale Bedeutung, die Notwendigkeit und die Umsetzung in der Realität sich die SuS auch mit Hilfe der heutigen Stunde erschließen sollen. Die zur kommenden Stunde gestellte Hausaufgabe („Findet heraus, wie sich die Bundesregierung zum Lufthansa-Streik positioniert hat.") soll dieser Thematik Vorschub leisten und die heutige mit der folgenden Stunde verbinden.

IV. Material (Legitimation des Materials):
Das Material wird zunächst dadurch legitimiert, dass es die curricularen Vorgaben bzgl. des ersten Themas in 9/2 abdeckt. Der Text zur vorbereitenden Hausaufgabe ist aktuell und authentisch und fasst die Positionen der Tarifparteien zusammen. Aktualität und Authentizität gelten auch für die Zeitungskommentare, die exemplarisch verschiedene in den Medien kursierende Positionen wiedergeben und damit einen pluralistischen Effekt klar machen sollen. Der in den Materialien behandelte Konflikt ist lebensnah, da der eine oder andere Schüler in den Osterferien selbst von den gestrichenen Flügen betroffen war.

V. Methodik:
Im Einstieg wird mit der aufgelegten Folie ein Bezug zur Hausaufgabe hergestellt und damit an Vorwissen der SuS angeknüpft. Im weiteren Verlauf wird mit Impulsen das Augenmerk auf die Rolle der Medien als Akteur in Tarifkonflikten gelenkt.
In der Erarbeitungsphase können die SuS zusammen mit ihrem Sitznachbarn arbeiten, was den Vorteil hat, dass sie sich gegenseitig bei Unklarheiten helfen können und dadurch gegebenenfalls effizienter arbeiten. Die Arbeitsergebnisse notiert jeder für sich in Stichpunkten und erläutert diese im Anschluss seinem Partner. Nachdem mögliche die unterschiedlichen Standpunkte der Materialien erarbeitet und gegenseitig erklärt wurden, folgt zur Sicherung eine Zuordnung der beiden Positionen zu denen in der Hausaufgabe erarbeiteten und auf der Folie noch präsenten Tarifparteien. In der Vertiefungsphase bilden die SuS Dreiergruppen und bearbeiten den Arbeitsauftrag. Die Arbeit in der Gruppe soll zum Einen rege Diskussionen unter den Schülern hervorrufen und eine eingehende Auseinandersetzung mit der Thematik fördern, zum Anderen zielt die Aufgabenstellung darauf, dass sich die SuS innerhalb ihrer Gruppe auf eine Einigung auf einen gemeinsamen Standpunkt verständigen. So müssen die SuS miteinander kommunizieren und gemeinsam zu einer Ergebnisfindung kommen, indem sie sich gezielt mit der Thematik beschäftigen. Die Sicherung erfolgt durch das schriftliche Festhalten der Diskussion in Stichpunkten. Im Anschluss wird das Stundenthema weiter vertieft, indem die Gruppen ihren Standpunkt erklären. Um einen optischen Impuls zu geben und zur besseren Übersicht, tun die SuS dies in Form von farbigen Karten (ähnlich wie bei Abstimmungen z.B. auf Parteitagen). Die SuS begründen ihre Positionierung und nehmen dabei Bezug zum ausgeteilten Material und zum konkreten Fall und beantworten so die Stundenfrage. Die Hausaufgabe zur nächsten Stunde bildet einen Übergang vom heutigen Stundenthema zum Inhalt der folgenden Stunde.

Verlaufsdiagramm

Einstieg	UG, 6 Minuten
Impulse „Benennt die jeweiligen Forderungen der Tarifparteien." „Welche Akteure könnten im gesellschaftlichen Umfeld von Tarifkonflikten noch eine Rolle spielen?" Falls der Begriff „Medien" nicht fällt, Hilfsimpuls: „Woher wissen wir denn überhaupt, dass es den Streik der Lufthansa-Piloten gab?"	Material: Folie
Erwartetes Ergebnis Die SuS benennen die Forderungen der Tarifparteien gemäß der vorbereitend gestellten Hausaufgabe. Der L. hält diese auf der vorbereiteten Folie fest. Die SuS benennen weitere Akteure, darunter auch die Medien	

Erarbeitungsphase	PA, 15 Minuten
Impuls „Erarbeitet in Stichworten die Position des Autors Eures jeweiligen Textes." „Erklärt Eurem Partner den Standpunkt Eures Textes und die darin vorgebrachten Argumente."	Material: Zeitungskommentare
Erwartetes Ergebnis Die SuS bilden Paare. Jedes Paar erhält zwei unterschiedliche Texte, die sie untereinander aufteilen und im Anschluss die Position „ihres" jeweiligen Textes erarbeiten. Nach Bearbeitung der Texte, erläutern sich die SuS „ihre" jeweiligen Standpunkte und Argumente gegenseitig.	

Sicherungsphase	UG, 3 Minuten
Impuls „Ordnet die Positionen, die in den Texten deutlich werden, den Tarifparteien begründet zu."	Material:
Erwartetes Ergebnis Die SuS ordnen die Positionen der Zeitungskommentare begründet zu.	

Vertiefungsphase	GA, 13 Minuten
(Überleitungs-)Impuls „Wir sehen also, dass die Medien sich ebenfalls positionieren. Ist das jetzt gut oder schlecht?" Aufgabenstellung: Bildet 3er-Gruppen. Diskutiert innerhalb Eurer Gruppe folgende Frage: Erörtert das Verhalten der Medien im Lufthansa-Tarifkonflikt (mögliche Vor- bzw. Nachteile). Bewertet ihr die Rolle der Medien im aktuellen Beispiel als eher positiv (grüne Karte) oder negativ (rote Karte) – ihr müsst euch innerhalb der Gruppe auf eine Farbe einigen! Begründet Eure Meinung auch mit Hilfe der Materialien. Haltet Eure Gedanken und Ergebnisse dazu in Stichpunkten schriftlich fest.	
Erwartetes Ergebnis Die SuS bilden 3er-Gruppen und diskutieren die Frage in der Aufgabenstellung. Sollten hier oder da Verständnisprobleme auftreten oder eine Diskussion nicht in Gang kommen, versucht der L. dies mit weiteren Impulsen in der jeweiligen Gruppe zu lösen.	

Vertiefung Überleitungsimpuls „Zu welchem Ergebnis seid ihr in euren Gruppen gekommen? Beantwortet die Frage mit Hilfe der ausgegebenen farbigen Karten (Grün = Rolle der Medien positiv; Rot = Rolle der Medien negativ)" „Begründet eure Meinung." Bekanntgabe der Hausaufgabe zur nächsten Stunde	UG, 8 Minuten
Erwartetes Ergebnis Die SuS nehmen begründet Stellung zur Frage, ob sie die Rolle der Medien in diesem Tarifkonflikt positiv oder negativ bewerten.	

Quellen:

Weißeno et al., Georg (2010): „Konzepte der Politik – Ein Kompetenzmodell". Lizenzausgabe der bpb, Bonn, S.125-127.

KC Politik-Wirtschaft für die Sek. I (2007), S. 17.

Antizipierte Ergebnisse / Mögliches Tafelbild

Vorbereitende Hausaufgabe zum Einstieg:

Tarifparteien im „Lufthansa-Konflikt" und ihre Interessen

Tarifparteien	Gewerkschaft: Vereinigung Cockpit	Lufthansa
Interessen	10%ige Lohnerhöhung	Zunächst vom Geschäftserfolg abhängige Steigerung – ab 2016 3%ige Erhöhung
	Beibehaltung der bisherigen Rentenübergangslösung	Streichung der bisherigen Rentenübergangslösung

Antizipation Positionen der Zeitungsautoren:
a) pro Cockpit (Augstein, Spiegel)
b) pro Lufthansa (Steltzner, FAZ)

Antizipation Rolle der Medien:
Positiv:
- Information
- Transparenz
- Kontrollfunktion

Negativ:
- Gefahr der Manipulation beim Konsumenten
- Versuchte Einflussnahme auf den Ausgang der Tarifverhandlungen

Fazit: Die Medien als Akteur bei Tarifkonflikten ist vorhanden. Ob in positiver oder negativer Rolle ist allerdings nicht eindeutig zu definieren. Auf der einen Seite Gefahr der Manipulation der Leser und versuchte Einflussnahme auf die Tarifverhandlungen. Auf der anderen Seite umfassende Berichterstattung und notwendige Grundlage, um sich ein eigenes Bild zu machen und den Konflikt beurteilen zu können sowie Transparenz

Anhang Material

M1
Eine Kolumne von Jakob Augstein
(...) Aber warum sollen eigentlich Angestellte Verzicht üben, während Manager sich die Taschen füllen?

Der Pilotenstreik ist erst mal vorüber. Bei der Lufthansa fielen 3800 Flüge aus, 425.000 Menschen waren betroffen, die Fluggesellschaft schätzt den Schaden auf bis zu 75 Millionen Euro. Das hat es noch nie gegeben. Nach Ostern könnte es weitergehen.

Eine Welle der Solidarität ist den Streikenden nicht entgegengeschlagen. Im Gegenteil. Angesichts eines Durchschnittslohns von 181.000 Euro fragte die "Bild"-Zeitung: "Sind die Lufthansa-Piloten völlig abgehoben?" Und die "FAZ" wunderte sich: "Darf jede Minderheit die Mehrheit zur Geisel nehmen?"

Solche öffentlichen Reaktionen haben aus dem Streik eine gesellschaftspolitische Lehrstunde gemacht. Was tun die Piloten? Sie maximieren ihren Profit. Unternehmer und Manager verhalten sich so. Man erwartet es geradezu von ihnen. Bei allen anderen gilt das als anstößig. Wo kämen wir hin, wenn sich jeder so verhielte wie die Eliten? (...)

Wie kann es sein, dass Angestellte, die ihren Teil wollen, zu Gesellschaftsfeinden gestempelt werden?

Wie sehr uns die Maßstäbe durcheinandergeraten sind, zeigt diese Meldung der "Süddeutschen Zeitung", die auch von der Pressestelle der Lufthansa hätte kommen können: "Der Streik trifft das Unternehmen mitten in einem Sanierungsprogramm, durch das der Gewinn bis 2015 um 1,5 Milliarden Euro verbessert werden soll." Bislang dachte man, Sanierungsprogramme seien notleidenden Unternehmen vorbehalten - nicht solchen, die ihren Profit über die Milliardengrenze heben wollen. (...)

Die Zeitungen schreiben, dass Streiks den Unternehmen schaden, und damit der Wirtschaft, und damit dem Land, und damit uns allen. Nicht der Profiteur ist unsolidarisch - sondern der Streikende. (...)

Lokomotivführer, Fluglotsen, Piloten - wenig Leute, die über einen großen Hebel verfügen. (...) Ihre Gewerkschaften verhalten sich wie Firmen: Sie denken an sich selbst zuerst. Sie sorgen dafür, dass Angebot und Nachfrage in ein vernünftiges Gleichgewicht kommen. Die Lufthansa will, dass die Flugzeuge fliegen? Dann soll sie entsprechend bezahlen. (...)
(Quelle: http://www.spiegel.de/politik/deutschland/augstein-kolumne-streik-der-lufthansa-piloten-ein-lehrstueck-a-962964.html)

Aufgaben:
a) Lies Dir den Text durch und erarbeite in Stichpunkten den Standpunkt des Autors.
b) Erkläre Deinem/r Partner(in) den Standpunkt „Deines" Textes und darin hervorgebrachten Argumente.

M2

Pilotenstreik Lufthansa als Geisel

Die Lufthansa-Piloten streiken seit Mitternacht für drei Tage. Mehr als 400.000 Passagiere sind betroffen. Das ist so unverhältnismäßig, dass sich die Frage stellt, ob dabei nicht die Grenze zum Missbrauch überschritten wird.

02.04.2014, von Holger Steltzner

Darf jede Minderheit die Mehrheit zur Geisel nehmen? Dürfen die Vorfeldlotsen, das Kabinenpersonal, Mitarbeiter von Sicherheitsdiensten, die Fluglotsen oder die Piloten immer dann fast den kompletten Flugverkehr lahmlegen, wenn sie mehr Geld, eine höhere Betriebsrente, längere Pausen oder luxuriöse Frührenten haben möchten?(...) Der Pilotenstreik der Lufthansa ist so unverhältnismäßig, dass sich die Frage stellt, ob (...) nicht irgendwann auch im Streikrecht die Grenze zum Missbrauch überschritten wird.

(...) Jetzt bleiben die Flugzeuge der Lufthansa am Boden, weil die Piloten um ihre Privilegien bangen. Die Damen und Herren der Lüfte fordern zehn Prozent mehr Gehalt, obwohl erfahrene Flugkapitäne mehr als 300.000 Euro im Jahr verdienen.

Wichtiger ist ihnen aber noch, dass die überaus üppige Übergangsversorgung der Frührente ab 55 Jahre nicht angetastet wird. Die Piloten wollen von der Lufthansa weiterhin ein Übergangsgeld in Höhe von bis zu 60 Prozent des letzten Bruttogehalts. Mit den Folgen der Alterung der Gesellschaft soll doch der Rest des Landes alleine kämpfen – und länger arbeiten.

Natürlich tragen Piloten eine hohe Verantwortung. Aber das tun andere auch, die manchmal ebenfalls einen Großteil des Berufslebens auf Reisen oder in Hotels verbringen. Inzwischen steht die Lufthansa in einem Wettbewerb, der immer härter wird. Einerseits machen ihr die Billigflieger zu schaffen, die günstig auf subventionierten Regionalflughäfen starten und landen können. Andererseits setzen den traditionellen europäischen Fluggesellschaften die Airlines aus den Golfstaaten zu. (...)

(Quelle: http://www.faz.net/aktuell/wirtschaft/kommentar-lufthansa-als-geisel-12875373.html)

Aufgaben:

a) Lies Dir den Text durch und erarbeite in Stichpunkten den Standpunkt des Autors.
b) Erkläre Deinem/r Partner(in) den Standpunkt „Deines" Textes und darin hervorgebrachten Argumente.

BEI GRIN MACHT SICH IHR WISSEN BEZAHLT

- Wir veröffentlichen Ihre Hausarbeit, Bachelor- und Masterarbeit

- Ihr eigenes eBook und Buch - weltweit in allen wichtigen Shops

- Verdienen Sie an jedem Verkauf

Jetzt bei www.GRIN.com hochladen und kostenlos publizieren